Jost-Alexander Hoos

Gedichte

die einer schrieb, bevor er aufs Meer fuhr

Teil 1

Immer dieser Suff

Zwei nette Abende
hat mir die Flasche geschenkt.

Zwei nette Abende
voller Vergessen
hat mir die Flasche geschenkt.

Zwei lausige Abende
voller Erinnerungen
die sich ewig wiederholen
hat mir die Flasche geschenkt.

VIELEN DANK AUCH!

Ei oder Huhn?

Menschen lieben und
Menschen werden verlassen.
Menschen strengen sich an und
Menschen haben nichts davon.
Menschen gehen zur Schule und
Menschen landen danach in der Gosse.
Menschen können nichts und
Menschen gewinnen alles.
Menschen sind dumm wie Stroh und
Menschen sind reich wie Oskar.
Menschen sind nicht einsam,
Menschen werden einsam

Menschen sind das
was sie sind

Keiner sucht es sich aus.

Menschen müssen sich mit dem
zufriedengeben was sie sind und
Menschen müssen sich abfinden,
mit dem was sie sind und
Menschen haben Pech und
Menschen haben Glück.
Menschen müssen hinnehmen
was andere
Menschen sich ausdenken
oder auch nicht.

Menschen
ist ein komisches Wort
wenn man es ständig wiederholt ...
und
keiner
hat es sich ausgesucht

Mensch

zu sein

Mag nicht schlafen

Ich habe Angst
Angst
vor dem Schlaf
vor den Träumen
die mich quälen
die immer wieder kommen
Nacht für Nacht
Tag für Tag
Egal
sie sind da
SIE
oder DIE
Träume
SIND DA
die Träume
kommen
und gehen
zeigen Alles
zeigen Nichts
zeigen mir
Alles
u n d
Nichts

Nichts ist mir zu wenig.

Die Alten und die Jungen

Wir sind die Plage
Wir verderben den Spaß
Wir sind die Alten
Wir wissen
was läuft
Wir besorgen dir Jobs
oder auch nich'
Wir holen Dich aus dem Dreck
und stoßen Dich wieder hinein
Wir machen
was
wir
wollen
UND
wir
scheißen auf Dich!
und DICH!
und DICH!
Du
kriegst das alles gar nich' mit
Du
spielst mit Deiner Playstation

Im Bundestag

Die Wanze und ich
sitzen friedlich beieinander
die Wanze und ich
sind nur einen Meter entfernt
beide
sitzen
wir
da
einfach nur da
warten auf das
was nicht passiert
oder soll
oder was auch immer
NICHT PASSIERT
die Wanze und ich
sitzen friedlich beieinander
irgendwie geht es
dann
doch

Immer dasselbe

Du kommst nicht an
gegen die Jahre
gegen die Zeit
gegen das
was du nicht hast
dagegen kommt keiner an
wie auch
wie soll das gehen?
vergebene Müh
also
kann man's auch lassen
dagegen anzugehen
kann sich hingeben
dem süßen Nichts
in das alles führt

Schon wieder am Ende

Immer feste druff'
immer druff'
als druff'

Ich renne fort
aber
ich komme nicht vom Fleck
komme nicht weg

All' die Fragen
nichts wagen
verzagen
nagen

DA SCHEISS ICH DRAUF!
nach dem dritten Drink

Vor dem ersten
ist sie immer da

diese gottverdammte Frage

Bin ich denn so einfach?
Durchschaubar?
Gar nicht wunderbar?
Am Ende sonderbar.

Und hab's nicht mal gemerkt.

Er schaut gerne mal vorbei

Fuck you
Tod
fuck you
fuck you
FUCK YOU!!!!
Das
was Du mir nehmen willst
geb ich nicht her
nicht freiwillig
nicht ergeben
nicht heroisch
nicht
was weiß ich
LECK MICH AM ARSCH
Du miese Sau
Du Spielverderber
Du Kackvogel
Du Dominator
Ich werde gehen müssen
ohne Rücksicht
ohne Verluste
ohne alles
was ich vorher hatte

ohne
was soll's?
Du bist auch noch in tausend Jahr'n
DA
in hunderttausend ...
in ...
mein Gott!
Du wirst einfach immer
DA SEIN!
Noch dann
wenn
Ich
schon lang'
nicht mehr bin ...

Der eine kommt, der andere geht ...

Ich mach mir 'n Drink
geh ans Eisfach
hol den Wodka raus
vorher das Eis
ins Glas
bis oben hin
so hab ich's gern
irgendwo müssen die Limetten sein
ah
da sind sie ja
ich wasche sie
greif mir 'n Messer
und teile sie
so wie ich's gern hab
neben meinem Glas
schleppt sich 'ne Mücke übers Brett
auf dem ich die Frucht schneide
patsch
aus
vorbei
meine Hand war fix
der Drink schmeckt echt gut

1/4 Aufschnitt bitte

Mein Atem riecht nach Kotter
meine Finger stinken nach Möse
mein Schwanz muffelt wie Käse
meine Füße hatten es auch schon
besser
und
mein Arschloch – puh
duftet so gut oder schlecht
wie jedes andere Arschloch

Alles
an mir
ist nicht viel anders
als das
von einem frisch geschlachteten
Schwein
das mir mein Metzger
mit einem Lächeln auf den Lippen
als frischen Aufschnitt
verkauft

Guten Appetit!

Der Furz

Es reicht
muss hinaus
in die Vergangenheit
Explosion
aus dem Dunkel
in das Licht der Gegenwart
es kriecht und riecht
Abfall des Verzehrs
es tut so gut
Gott hat es so gewollt
gab' die Freiheit und die Scham für
ein Leben mit dem Tod
Verwesung
Gestank des Daseins
jeden Tag
mit all den Arschlöchern, die ihren
Dreck in die Welt pusten
Begehrlichkeiten lösen sich auf
im Dunst des Alltäglichen

Meine Frau
(Irgendwo in Frankfurt am Maaa...)

Alle finden es cool
nur meine Frau net.
Alle finden mich. cool.
Nur meine Frau net.
Sie sieht nicht das,
was andere sehen.
Sie sieht nur mich.
Andere hätten das vielleicht nicht
gesehen.
Ich hab immer noch keine Ahnung
was jetzt besser ist –
die Bewunderung
oder
das Vergessen.
Bewunderung hat den besseren
Geschmack!
Prickelt,
schmeichelt,
streichelt mein Ego.
Das Vergessen
hab ich früh genug.

Damals

Wo sind die Tage?
Das Licht?
Die Freiheit?

Die Zeit nimmt was sie will.
Nagt am Verstand.

Habe erreicht
was ich nicht suchte.

Es kam wie es ging
lautlos –
nicht spurlos –
an mir vorüber.

Erfahrung

Ich krieg' aufs Maul
war nie faul
hab's genommen
hab's bekommen
erklommen
den Gipfel
Zipfel
des Glücks
morgen geht's weiter
auf der Leiter
spiel' ich den Reiter
den Gleiter
breiter
als die anderen
weiter
als die anderen
wanderten
auf dem schmalen Grat
Maschendraht
alter Kamerad
hat's heute schwer
ist leer
hab' aufs Maul gekriegt

ab und an
gesiegt
besiegt
halt
aufs Maul gekriegt

Das alte Lied

Wo ist das erste Mal?
Ich hab es aus dem Blick verloren
– eigentlich schade.
Das erste Mal
war schon richtig gut.
So
richtig
und
gut
alles zusammen
war schon toll.
Heut' bin ich voll
von all dem Scheiß
den das Leben mir gab –
werde ihn nicht mehr los.
Mein Dasein
geht dahin
in einem Meer von Tränen.
Die Jugend
lacht mich aus,
ohne zu wissen, dass sie
die gleichen
Gestade anläuft.

Im Kreis
(Turnin' around)

Ich werde bald tot sein.
Ich zappel mich ab.
Obwohl ich bald tot bin,
renn' ich herum,
dreh' mich im Kreis –
was soll der Scheiß'?
Wer gibt die Antwort?
Ich kann's wohl kaum tun.
Denn ich werde bald tot sein.
Ich frage mich
was nun?
Das Leben geht weiter,
obwohl ich bald tot bin.
Dann rennen die anderen
noch im Kreis herum
und zappeln und suchen
und wollen den Kuchen.

Doch wem soll er schmecken,
wenn wir alle verrecken ...

Im Flugzeug

Da ist wieder einer
oder eine
oder?

Ist ja auch egal
ständig kommen sie.

Gehen müssen sie auch.
Wie Ebbe und Flut
werden sie angespült
an das Ufer des Lebens.

Kaum, das sie da sind
machen sie auch schon Krach.

Der eine mehr
die andere weniger
oder umgekehrt.

Nehmen sich den Platz
den sie meinen zu brauchen
ohne Rücksicht auf Verluste
oder sonst wen.

Ständig brauchen sie mehr
für den Haufen Kacke
der am nächsten Tag aus ihnen
rausplumpst.

... da kommt wieder einer.

Alles hat ein Ende, nur die Wurst hat zwei

Böse, böse Zeit
gehst vorbei
einfach, direkt
dir ist es einerlei
was mit dir passiert
an was du vorbei
gehst
lustwandelst im Hier und Jetzt
du glückliche Zeit.
Gedanken sind dir fremd
eigentlich
braucht sie niemand
alle anderen müssen sie sich machen
Tag für Tag
Jahr für Jahr
bis du vorbeischaust
an die Tür klopfst
„Hallo" sagst
nicht danach fragst
ob es sich gelohnt hat
auf dich zu warten.
Du nimmst mit und ziehst vorbei

Einerlei
was war
was kommt.
Ich kann es nicht mehr erklären
nachdem
ich dir begegnet bin.

Wo ist es hin?

Alles holt dich ein.
Alles kommt zurück.
Stück für Stück
rückt es an.

Früher
war alles
egal.
Was soll's?
Morgen ist fern.

Zu gern
hast du's geglaubt.

Ein Lied

LA LA LA
BAH BAH BAH
NA NA NA
DA DA DA
JA JA JA
Alles klar.

Sexy Frau auf der Titelseite einer modernen Fernsehzeitschrift

Du bist Teil davon
Du scharfe Sau
mein Gott – siehst du gut aus!

Ich will auch so sein
wie du.

Alles starrt mich an
will mich ficken
sich kicken
nicht mehr ticken.

Richtig so!

Gebt mir mein Stück
Freiheit
Geilheit
Dummheit!

Keine Gedanke daran verschwenden
zu verenden.

Geld allein macht nicht glücklich

Die
die's nicht haben
behaupten es.
Die
die's haben
wissen es.
Und trotzdem
rennen sie alle dem Glück hinterher.

Boxen im Ersten
(oder Zweiten ... oder wo auch immer)

Heut' boxen 'se wieder
haun' sich
aufs Maul
lösen ein Problem
auf die altbewährte Weise
schöne Reise
in die Vergangenheit
in der es noch keine Anwälte gab!
Das Grab
hat man sich
oder
anderen
selbst geschaufelt
nicht dem Ersparten
kein warten
einfach starten
gute Karten
für den eher einfachen Typ.

Business as usual

Ich
mache ein Geschäft mit dir.
Du
machst ein Geschäft mit mir.
Er
verdient auch an dem Geschäft.
Sie
vielleicht auch.
Es
wird nie aufhören.
Wir
machen Geschäfte.
Ihr
würdet es wohl auch gerne machen.
Sie
haben es schon immer so gewollt.

Beim Porsche

Heut' hol' ich mein Auto ab
sitze im Werkseigenen Restaurant
genieße den Genuss
alles vom Feinsten
selbst der Teppich ist von
wohltuender Dicke
schluckt den Lärm
im Gedärm.
Jetzt weiß ich, warum die Karren so
teuer sind.
Muss ja alles wieder reinkommen
was man dem Fußvolk so vor die Füße
wirft.

Wo ist die Freude?
Sie wartet im Hof.
So schön das Fahrzeug
so trist das Gelände.
Träume entstehen an einem
traumlosen Ort
geschaffen von Menschen
die keine Träume mehr haben
abgegeben am Werkseingang

verkauft
für ein Stück Brot zu Haus'.

Die, die hier sitzen
und sich bedienen lassen
wollen das nicht sehen
sonnen sich in ihrem Glück

haben das Stück erwischt
das sie hierfür halten.

Menschheit

Mängelwesen
nichts als Spesen
bringt die Sache auf den Punkt
alle leiden Mangel
alle vermissen sie etwas
wissen
eigentlich nicht was
irgendwas
muss es wohl sein
sonst würde es ja nicht fehlen
schade
das man nicht dahinter kommt
dann hätte die Suche
endlich
ein Ende

Aufpasser

Sie wachen über uns
geben acht
dass nichts passiert –
was soll schon passieren?
Morgens
geh' ich los
mein Geld zu verdienen, das
Sie
mir geben
wer sind die eigentlich?
S I E?
SIE stehen in der Zeitung
kommen in den Nachrichten.
Ich kann SIE sehen.
Jeden Tag
huschen
SIE vorbei.
Greifen
kann ich
SIE
nicht – mein Gewicht reicht nicht aus.
Wenigstens bleibt mir das Gespräch
über
S I E.

Summe

Ich bin das Ergebnis
keine Zielgruppe
mehr
bin
zu alt
mein Einkauf ist nicht spontan
ich bin auch nicht mehr spontan
eher im Wahn
alles irgendwie festgefahren.
Die Ware im Korb
ähnelt der Ware die ich
immer
wieder in den Korb lege.
Ich bezahle für das
was ich kenne.
Alles andere
steht außen vor
dem großen Tor
meiner Gefühle.

Nice to meet you again

Am Abend schreib' ich alles auf
vielleicht
bin ich drauf
auf der Schreibe
sonst
nach all dem Schnaps
müsst' ich kotzen
zu viel Kacke um mich rum
leider bin ich nicht
zu dumm
oh Gott, wie süß du schmeckst
du Hauch der Freiheit
Gelassenheit
nach dem fünften Drink
versinke ich
im Tran des Nebels

All' die Löcher

Im Ohr ist ein Loch.
In der Nase ist ein Loch.
Im Schwanz ist ein Loch.
Die Möse ist ein Loch.
Im Arsch ist ein Loch.
Das Auge sitzt in einem Loch.
Und doch ...
Aus allen Löchern kommt was raus:
Schmalz, Rotz, Saft, Pisse, Kacke.
Und das größte Loch von allen
stopft es gebündelt rein
spuckt es wieder aus
schreit es in die Welt
überschwemmt Sie mit Ihrem Scheiß'
milliardenfach.
Deswegen lieben wir Tiere.
Auch sie haben all die Löcher.
Aber sie zwingen uns nicht
es zu verstehen.

R I P – Rest in Peace

Auch das Böse
lebt

wie Du

stirbt

wie Du

kämpft den gleichen Kampf
den am Ende alle verlieren.

Die Anmaßung stirbt zuletzt

haucht ihren Gestank
über die
die noch nicht aufgegeben haben.

Auch hier?

Das ist der Moment
in dem wir alle gleich sind.
Hier und jetzt
tun wir das
was alle tun.
Egal wo.
Egal wann.
Wir tun es.
Jetzt.
So wie es alle tun.
In China.
In Kenia.
In Paraguay.
In Deutschland.
In Sydney.
In Los Angeles.
In Hanoi.
IN DER GANZEN WELT
tun wir ES!
Egal ob Moslem
ob Jude
ob Christ
ob Hindu

ob Buddhist
ob gar nix
ob was weiß ich –
DU TUST ES!
Du pisst oder scheißt das raus
DAS
was du vorher in dich reingefressen
hast.
Ein Gefühl
das uns eint.
Ein Gefühl
das gut tut.
Willkommen zu Hause.

Der ewige Kreislauf

Es ist wie es ist
und
es kommt wie es kommt.

Es war wie es war
und
es wird sein wie es ist.

Es hätte sein können
und
es hat nicht sollen sein.

Es geht dahin
und
hört nicht auf zu kommen.

Gefasel nachts um zwei

Neulichwolltichmalwegvomalkohol
habmichnachplätzenumgeschaut
unterdreiriesenhabichnixgefunden
diewoche.
Vollteuerdahinzukommen
nochvielteurerdavonwegzukommen.
Wassollichdennjetztmachen?
einfachlassenissschonhart
aberwirdsdennbesserwenneskostet?
Nochmehralsesohnehin
schongekostethat?

Nach fünfzig Jahren

Ich bin alt,
fast fünfzig,
ein Säufer,
einer,
der jungen Dingern hinterher schaut,
ein Arsch,
der nicht aufhört
seine Kacke ins Klo plumpsen zu
lassen.
Ich bin
voller Erinnerungen,
Erfahrungen,
die ich gerne nicht gemacht hätte –
keinem bleiben sie erspart,
alle müssen sie machen ...
Erfahrungen!
Vor 10.000 Jahren wurden die auch
schon gemacht.
Hat es was genützt?
In 10.000 Jahren
wird sich das wieder einer fragen.
Der Blick zurück auf die jungen
Dinger ist wenigstens real ...
Was interessiert mich schon,
was in 10.000 Jahren ist?

Fernsehn

Ich schau' mir DVD's an
eine krasser als die andere.
Bang! Bang!

Alle tot.

Is' vielleicht auch besser so,
is' ja auch ganz was anderes.

Sehen

tut zwar manchmal weh
aber
nich' so wie

fühlen

is' schon was anders.

Ruhe sanft

Jetzt ist es gut
aus
vorbei.
All' die Fragen
all'die Zweifel
sind nicht mehr da
haben sich mit Dir verabschiedet.

Blumen fallen herab
ab und zu
auch Dreck.
Alles weg, alles weg.
Die, die da jetzt stehen
haben es noch vor sich.

Dich
braucht, dass alles nicht mehr jucken
kein Zucken
geht durch den Leib.

Verbleib'
in der Ruhe
Deiner Stätte.
Bette
Dein Haupt auf dem warmen Samt.

Du fehlst mir so
(für Mutzi)

Ich stand an Deinem Grab
habe Dich gesucht.

Warum?

Du bist immer
bei mir
mein Herz hat Dich fest verschlossen
lässt Dich nie mehr los.

Als Du gegangen bist
bin ich auch
gegangen
an unseren Ort
den niemand kennt
außer
Dir
und
mir.

Wir werden uns treffen
obwohl
wir uns nie verloren hatten.

Teenie Memories

Wir waren jung
damals
als das Feuer brannte
lichterloh
brannte das Feuer.
Wir waren jung
wir dachten
es hört nie auf.
Du warst mir
und
ich war dir
nur dir
allein.
Das Feuer brannte
ständig
immer
brannte es.
Du wolltest mich
und
ich wollte dich.
So hätte es immer sein können.
Das Feuer brannte
alles nieder

alles was wir hatten
verbrannt
in der Hitze
unserer Jugend.

Doofe bleiben auf der Strecke

Und das ist gut so.

Nicht
weil sie doof sind,
sondern weil sie uns
was voraushaben.

Alles was sie tun
merken sie nicht.
Sie tun es
einfach so
denken nicht nach
was sein könnte
oder müsste
oder was auch immer.

Ist ja auch egal.
Wen interessiert's?

Den Doofen jedenfalls nicht.
Er lebt so dahin.
Fragt
nie
nach dem Sinn.

Ein reicher Mensch
hat mehr als wir alle zusammen
ohne
was
zu haben.

Gut
dass wir nicht in einer Welt leben
die den Doofen geweiht ist.

Gut
dass ich schlau sein muss
es
drauf
haben muss.

Sonst würd ich
da
in dieser anderen Welt
ganz schön
dumm
aussehen.

Ich bin doof

Immer, wenn ich's versuch
geht's irgendwie daneben.

Ich hab's oft versucht
immer wieder versucht
eigentlich erstaunlich,
das ich's immer wieder versucht hab.

Irgendjemand sagte mir mal,
dass es gut ist,
etwas zu versuchen.
Der Fernseher sagt mir was anderes.
Er sagt:
lass es sein
hör auf
es zu versuchen.
Setz dich hin,
schau zu
wie andere es versuchen.
Warum sagt er mir das?
wer gibt ihm das Recht
mir so'n Scheiß zu sagen?
Versuch macht kluch!

Hahahaha!

Wenn ich klug wär,
würd ich's nich' nur versuchen,
ich würd's machen.

... und alle anderen
sähen mir dabei zu.

Voll drauf – Für Kenner

Ich raff mich auf
schreib das auf
das
was grad passiert.
Eigentlich
passiert nicht viel.
Ich bin halt drauf
VOLL DRAUF!
Du weißt schon?!
Wein
Bier
Schnaps
Coke
Dope
der ganze Scheiß
is
in mir drin.
Kämpft
mit sich
und mir
und
dem ganzen Scheiß.

Geh ich nun ins Bett
oder bleib ich
auf
drauf
VOLL DRAUF!
Ja! Nu?

Man wird bescheiden
(Morgen werd' ich fünfzig)

Der Ofen tut echt gut
die Wärme tut gut
er strahlt das ab
was ich sonst nich' hab:
Wärme
die mir durch den Körper geht.

Es ist nich' mehr die Hitze
die ich mal kannte
es ist die Wärme
die alles durchdringt.
Die Hitze war auch nicht schlecht
die Hitze ließ mich das Leben spüren.

Heute spür ich das leben nich' mehr
so
keine Hitze mehr da.
Wärme ...
die is' noch da.

... besser als nix

Schöne Scheiße

NIE MEHR

werde ich trinken
wie ich einst trank

NIE MEHR

werde ich stoned sein
wie ich einst stoned war

NIE MEHR

werde ich meine Mitmenschen
betrachten
wie ich sie einst betrachtete

NIE MEHR

werde ich schlafen
wie ich einst schlief

NIE MEHR

werde ich das schreiben
was ich einst schrieb

NIE MEHR

werde ich ficken
wie ich einst fickte

NIE MEHR
NIE MEHR
NIE MEHR

werde ich der sein
der ich einst war

NIE MEHR

werde ich mir wünschen,
das zu werden,
was ich geworden bin.

Schlaf gut!

Aller guten Dinge sind drei!
Drei?
Wieso nicht zwei?
Oder
neun?
Wer setzt das in die Welt?
Du nicht.
Ich nicht.
Er, sie, es
nicht.
Irgendwer hat es wohl getan
und es hat den Leuten gefallen.
Deswegen sagen Sie es.
Ständig wiederholt sich das.
Keiner weiß warum.
3 Drinks sind zu wenig.
3 Frauen viel zu viel.
3 Autos braucht kein Mensch.
3 Gedichte mag keiner lesen.

Ich leg mich jetzt hin.
3 Gedanken auf einmal
sind einfach too much.

U S A

Im Fernsehen zeigen sie Bilder aus
Syrien.
Menschen sterben.
Langweilig.
Schalt doch mal um!
Gibt's' nicht irgendwas Lustiges?
Gut, dass Amerika uns auch damit
beliefert,
mit lustigen Sachen.
Sachen, die ablenken.
Schon interessant,
so 'n Land wie Amerika.
Auf der einen Seite machen 'se Stress,
wegen jedem Scheiß
auf der Welt.
Auf der anderen Seite wollen 'se nich',
dass man das mitkriegt,
mit dem Stress,
und blenden ihre Lacher ein.
Was soll's?
ich leb' nich' in Syrien,
ich leb' da,
wo das Lachen eingeblendet wird ...

Du lebst ...

... weil was anderes gestorben ist
oder
DU
es getötet hast
es geschlachtet hast
es frisst
und am nächsten Morgen,
nach einer guten Tasse Kaffee,
wieder raus scheißt.
Deswegen lebst du,
aus keinem anderen Grund.
Damit du lebst,
muss wer anders sterben.

Eine Karotte musst du nicht töten.
du ziehst diese verdammte Möhre
einfach aus dem Boden,
der Erde,
und kannst sie direkt essen.
Ohne die Gedärme zu entfernen.
ohne den ganzen Rotz.

Wir ziehen das Töten vor.
Es schmeckt besser.

Und tschüss

Papier ist aus.
Ich geh' nach Haus.
Leg' mich ab.
Hab' nun genug.
Alles doch bloß Lug und Trug.

FSC
www.fsc.org
MIX
Papier | Fördert
gute Waldnutzung
FSC® C083411

Zeitfracht Medien GmbH
Ferdinand-Jühlke-Straße 7
99095 Erfurt, Deutschland
produktsicherheit@kolibri360.de